Die Erinnerung ist das einzige Paradies,

aus dem wir nicht vertrieben werden können.

Jean Paul

Abschied von Habrowan

*Erfahrungsbericht
einer Sudetendeutschen*

aufgeschrieben von
Antonia Katharina Tessnow

Bibliografische Information der Deutschen Nationalbibliothek:
Die Deutsche Nationalbibliothek verzeichnet diese Publikation in der Deutschen Nationalbibliografie; detaillierte bibliografische Daten sind im Internet über http://dnb.dnb.de abrufbar.

Herstellung und Verlag: BoD – Books on Demand, Norderstedt

ISBN: 978-3-757-80753-5

Webseite der Autorin Antonia Katharina Tessnow
www.antonia-katharina.de

Inhaltsverzeichnis

Einleitung

Vieles von dem, was wir gemeinhin über die Vertreibung der Deutschen nach dem Zweiten Weltkrieg zu wissen glauben, wird von Augenzeugen- und Erfahrungsberichten aus jener Zeit widerlegt. Auch dieses kleine Buch veranschaulicht das Zeitzeugnis von Betroffenen, das damit den Tiefen der Zeit und der Kluft des Vergessens entrissen ist. Glücklicherweise hat Frau Hildegard Lange, geborene Geisler, die Aufzeichnungen von ihrer Freundin und Leidensgenossin Gertrud Bartel, geborene Behr, viele Jahre aufbewahrt, die nun von Antonia Katharina Tessnow aufgearbeitet und niedergeschrieben wurden.

Mögen diese Erinnerungen die Seelen der Menschen berühren und sie davor bewahren, die Geschichte zu wiederholen. Möge das Gewissen eines jeden Menschen für Unrecht, Unterdrückung und politisch indoktrinierten Hass sensibilisiert werden. Und mögen all die Menschen, welche die Last eines ungerechten und überflüssigen Krieges zu tragen hatten, niemals vergessen sein.

Widmung

Diese Niederschrift ist Frau **Hildegard Lange** gewidmet, die die Vertreibung aus Tschechien ihr Leben lang in ungetrübter Erinnerung in ihrem Herzen trug. Mögen sie dem Interessierten ungeahnte Erfahrungshorizonte und tiefe Einblicke in das innerste Erleben einer Sudetendeutschen eröffnen, die für Hitlers großen Krieg mit dem Verlust ihrer Heimat teuer bezahlte.

In welchen Himmel

der Baum des eigenen Daseins

sich auch entfaltet,

seine Wurzeln nähren ihn, solange er lebt,

aus dem Boden, in dem einst der Samen fiel

und in dem er zu keimen begann -

aus dem Boden der Heimat.

Die Historie von Habrowan

2000 v. Ch. Im Tal gab es eine Siedlung mit beginnendem Ackerbau und Viehzucht, was Funde der bandkeramischen Kultur beweisen.

850 Die Gegend wurde katholisch.

1000 Boleslav I schenkte dem Georgenkloster in Prag die Ländereien des Mittelgebirges um Habrowan. Die nächste Herrschaft war das teplitzer Nonnenkloster. Danach wurde die Herrschaft Türmitz - Graupen als Besitzer Habrowans genannt.

1330 Die Ländereien um Habrowan gehörten dem Lehnsherr Otto von Salchow.

1353 Das Land ging an die Familie von Salka, denen ab 1405 auch die Nachbarländereien um Dubitz und Schima gehörten.

1364 Bau der größten Kirchen in Schima. Eingemeißelte Zahlen eines Pfeilers an der Südseite der Kirche geben bis heute Zeugnis.

1419 - 1436 Hussitenkrieg. Ein Krieg, der sich vor allem gegen den deutschen Bevölkerungsteil richtete. Ein großer Teil der Deutschen wurde vertrieben, enteignet und getötet. Ihr Besitz wurde größtenteils an den tschechischen Kleinadel verteilt.

1500 Das Land erholte sich. Habrowan gehörte zur Herrschaft Teplitz.

1512 Die Herrschaft Habrowans wird aufgelöst.

1568 Die Familie Wrzesowitz wird als Herrscherfamilie über Dubitz und Habrowan genannt. Zu dieser Zeit war der Ort Teildorf, samt des Meiereihofs, auch *die Burg* genannt, und weiteren 7 Anwesen. Ein weiterer Hof gehörte zur Feste Stolitczka bei Malhostitz.

1580 Unter Johann von Schleinitz wird die Feste Stoliczka mit dem ehemaligen Teil der Teplitzer vereint.

1586 Ernst von Schluckenau kauft Habrowan.

1592 Habrowan wird an Friedrich von Bila aus Hlinai verpfändet.

1602 Habrowan wird an Christoph Slowsky von Slowitz abgetreten.

1609 Nikolaus Hochhauser von Hlinai wird als Besitzer der Liegenschaften Hlinai, Staditz, Habrowan, Suchei und Morowan genannt. Wegen seiner Teilnahme an der Schlacht am weißen Berg, dem Aufstand gegen die Habsburger, wurde er 1623 zum Verlust eines Drittels seines Vermögens verurteilt. Der Besitzer von Tschochau, Friedrich von Bila, wurde 1621 aus gleichen Gründen am Altstädter Ring enthauptet.

1621 Die Güter fielen an die Familie Lobkowitz.

1629 Das Dorf Habrowan wurde mit dem Meiereihof, der Mühle, 4 Bauern, 13 Feldgärtnern und 2 Gärtnern an Freiherr Otto von Nostitz verkauft. Die Gebäude waren in einem guten Zustand. Die Bewohner betrieben neben Getreide- und Obstanbau auch Weinbau.

1640 - 1648 Gegen Ende des Dreißigjährigen Krieges hausten Schweden in der Gegend von Habrowan. Sie erpressten Abgaben, plünderten und zerstörten Kirchen. Den Wiederaufbau des zerstörten Landes hatte vorwiegend die bäuerliche Bevölkerung zu tragen.

Bis 1740 Es folgten friedliche 90 Jahre, in der viele der böhmischen Barockbauten entstanden.

*

Ein uralter Handelsweg führte vom Nollendorfer Pass über Kulm, Wicklitz und Hlinai, hinter unseren Wiesen vorbei. Auch der Weg Habrowan, Radzein, Kletschen über Wellemin bot einen topographisch günstigen und kurzen Weg durch das böhmische Mittelgebirge in die böhmische Tiefebene bis nach Prag. Dieser Weg war besonders im Dreißigjährigen und Siebenjährigen Krieg von strategischer Bedeutung.

*

1756 Der Siebenjährige Krieg begann mit einer Schlacht bei Lobositz. Friedrich der Große bezog Quartier in Türmitz. Seine Armee kam über

Nollendorf. Die erste Kolonne marschierte mit Geschütz über Karbitz, Hlinai, Prosanken und Boreslau zur Paschkopole. Die zweite Kolonne, bestehend aus 10 Bataillonen und 20 schweren Geschützen, marschierte über Türmitz, Staditz, Habrowan, Schima, Kletschen und Dubkowitz.

In unseren Heimatdörfern wurden Kriegsabgaben erpresst. Beim Rückzug der Preußen wurde erneut requiriert.

1757 Friedrich der Große zog erneut mit 30.000 Mann durch unsere Orte bis ins Innere des Landes Richtung Kolin.

1763 Kriegende.

1780/81 Kaiser Joseph II (1765 - 1796) baute die Festung Theresienstadt, um weiteren Einfällen der Sachsen und Preußen über die Paschkopole vorzubeugen.

*

Die 1781 durch Kaiser Joseph II eingeleitete Abschaffung der Leibeigenschaft, und die schon von seiner Mutter Maria Theresia betriebene Reduzierung der Robotabgaben auf erträgliche Maße, regte die Bauern an, ihre Landwirtschaft auszuweiten und Eigeninitiativen zu entwickeln.

*

1804 Der alte Habrowaner Meierhof *'die Burg'* wurde aufgelöst. Auf einem Teil der Ländereien entstanden 13 neue Anwesen. Die dort ansässigen Bauern betrieben vermehrt Obstanbau.

*

Nach Verträgen über die Habrowaner Bauerngüter aus der Zeit um 1800 muss dieser Ort damals in einem wahren Obstparadies gelegen haben. Von verschiedenen Fruchtgattungen wurden zumeist Birnen angebaut. Es finden sich etwa 30 Sorten, die vor 100 bis 150 Jahren auf den Habrowaner Fluren gepflegt wurden. Auch müssen ganze Wälder von Pflaumenbäumen bei allen Orten des Bila-Tales bestanden haben. In geringerem Ausmaße gab es auch Apfel-, Kirsch-, Nuss- und Pflaumenbäume.

Die Folgen des ausgedehnten Obstbaues zeigten sich auch bei der Bewertung des Wirtschaftsgrundes. In einem Schätzungsprotokoll über das Anwesen Nr. 17 in Haborwan vom Jahre 1799 ist der verhältnismäßig hohe Wert des Grundes sicher auf den großen Obstbaumbestand zurückzuführen.

*

1813 Unsere Heimat wurde erneut durch Krieg bedroht. Napoleon kam über Nollendorf.

29./30. August 1813 Die Schlacht von Kulm wurde mit sehr hohen Verlusten gekämpft.

17. September 1813 Eine erneute Schlacht bei Kulm. Österreicher und Russen sicherten sich die Paschkopole-Straße und verlangten Tribut. An diese Zeit erinnert noch die Tschotschkenmühle, bzw. das Russendörfel, wo sich einige Russen nach der Schlacht bei Kulm ansiedelten.

1814/15 Der Wiener Kongress tagte. Die Neuordnung der europäischen Verhältnisse wurde beschlossen, sowie die Festigung des Habsburger Reiches durch Metternich.

1848 Der österreichische Reichstag unter Hans Kundlich, dem Sohne eines gutsuntertänigen Bauern, stellte einen Antrag auf gänzliche Aufhebung des Untertänigkeitsverhältnisses samt allen dazugehörigen Rechten und Pflichten, somit auch des Robots. Es wurde erwirkt, dass die Entschädigung an die Grundherren, für den Übergang ihres Landes in Bauerneigentum, verhältnismäßig niedrig war. Die sich daraus ergebende Strukturreform und der wirtschaftliche Aufschwung prägten auch das neue Ortsbild Habrowans.

1857 Die neue Mühle wurde gebaut, ebenso die Volksschule. Vorher war Schima das Schuldorf. Man kann auch annehmen, dass mehrere der stattlichen Bauernhäuser unseres Dorfes in dieser Zeit erbaut wurden.

1871 Die verstärkte Industrialisierung bescherte uns die Bielatal-Bahn von Bilin nach Aussig.

1897 Die Teplitz-Leitmeritzer Eisenbahn entstand.

Mit der Einführung des Kunstdüngers kam man von der bisherigen Dreifelder-Wirtschaft ab und die Mechanisierung der Landwirtschaft begann.[1]

*

Das Dorf überlebte die Kaiserzeit und den Ersten Weltkrieg, der für die dort lebende deutsche Bevölkerung nicht zum ersten Mal grundlegende Veränderungen nach sich zog. Der erste große Krieg war vorüber, als ich geboren wurde und eine freie, behütete und friedliche Kindheit in meinem Heimardorf Habrowan verbrachte. Von Krieg oder Kriegsvorbereitungen bekamen wir Kinder nicht viel mit. Unsere Welt waren die Felder und unsere nahe Umgebung, die wie ein hügeliger Park erschien und den wir umgangssprachlich *'die Ratsche'* nannten. Woher dieser Name kam, weiß ich nicht.

Der Zweite Weltkrieg zog herauf und mit ihm nicht nur zunehmende Armut und existentielle Bedrängnis, sondern auch eine nun nicht mehr zu verbergende Deutschenfeindlichkeit, die sich unter anderem darin äußerte, dass wir gezwungen waren, Armbinden zu tragen, die uns identifizierten, ausschlossen und gleichsam zu leicht erkennbaren

---

1 Quellen: Siehe Quellenverzeichnis am Ende des Buches

Zielen für alle Arten der Feindseligkeiten degradierten.

Die folgenden Aufzeichnungen beginnen am Ende des Krieges und bergen entscheidende Erinnerungen an die letzten Monate in meiner alten Heimat, die ich für immer vermissen werde.

Die Heimat der Sudetendeutschen

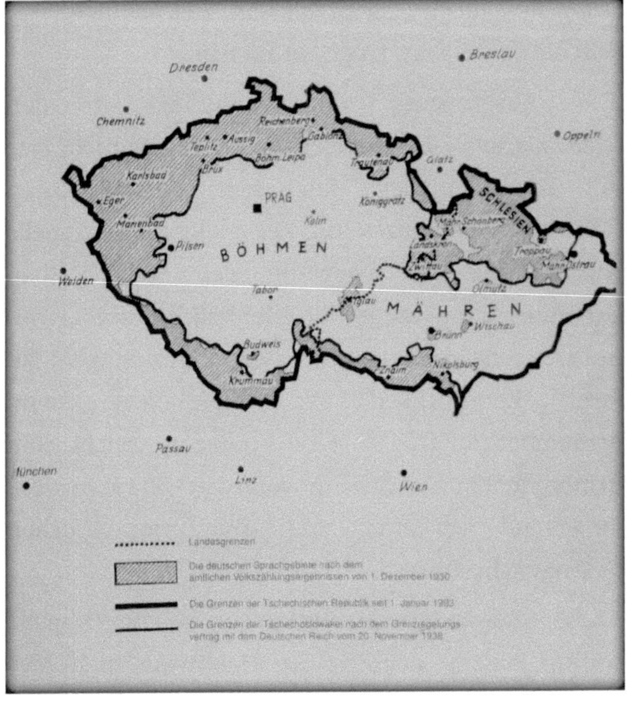

Die letzten Tage in der alten Heimat

Am 11. Mai 1945 kehrte das tschechoslowakische Exilkabinett zurück nach Prag, wo der Präsident der Republik, Edward Beneš, seinen jubelnden Landsleuten auffordernd zurief: *'Wir werden den Deutschen nichts lassen als ein Taschentuch, mit dem sie ihre Tränen trocknen können.'*

Die Ausgrenzung der Deutschen in den tschechischen Gebieten begann allerdings nicht erst mit Beneš, sondern fand hier lediglich ihren traurigen Höhepunkt. Zum Zeitpunkt seines Appells wurden die Deutschen in den tschechischen Gebieten schon lange für die Politik Berlins mit Ausgrenzung bestraft und waren gezwungen, zu ihrer Kenntlichkeit im öffentlichen Raum Armbinden zu tragen. Eine Freundin, welche ihre Armbinde einmal daheim vergessen hatte, wurde umgehend verhaftet und mit zwei Wochen Gefängnis bestraft.

Diese und andere Auswirkungen solcher Appelle waren zudem deutlich in Habrowan und der weiteren Umgebung zu spüren: Die in Habrowan zurückgebliebenen Deutschen wurden zur Feldarbeit gezwungen. Einige unserer Nachbarn wurden zu Zwangsarbeiten verpflichtet und ein paar

Bauernjungen waren zum Hüten der Schafherde einer Russeneinheit im Gebiet von Ruscholka und Kletschen bestimmt.

Bei einem Angriff auf ein Munitionsdepot in Schönpriesen am 31. Juli 1945 waren nach amtlichen Erhebungen 2 317 deutsche Zwangsarbeiter ums Leben gekommen, zu denen noch eine große Zahl Toter hinzukommt, die sich im Zentrum der Explosion befanden und nie gezählt werden konnten. Im Zuge dessen festigte sich bei den verbliebenen Deutschen der Gedanke, dass auch sie sehr bald nach dem ersten Ausweisungsschub am 19. Juli 1945 zum Verlassen ihrer Heimat gezwungen sein würden. So bereiteten wir große Rucksäcke und Handgepäck für den Abtransport vor und hielten seit diesem Tage stets alles griffbereit.

Zeitgleich erfolgten die ersten erzwungenen Zusammenlegungen deutscher Familien durch tschechische Soldaten. Wir wurden in sogenannte Abschubhäuser verbracht, die man aufgrund der in ihnen herrschenden Enge spöttisch 'Villen' nannte. So sprach man von der 'Glöckelvilla', der 'Wiesenvilla' und der 'Villa Schugg'. Letzterer Name ist dem umgangssprachlichen Wort 'Meschugge' entlehnt, weil die Menschen durch die Enge, ihre

Verluste, den Zwang und all die Erniedrigungen, die sie ertragen mussten, schlicht verrückt wurden.

Andere Familien wiederum wurden in die Ausgedingehäuser ihrer Höfe verwiesen. Ein sogenanntes Ausgedingungshaus, auch Auszugshaus oder Austragshaus genannt, war ein kleineres Gebäude, das für die Altbauern errichtet wurde und, nach der Übergabe des Hofes an die Erben, den Alten als Wohnstätte diente. Anderen Familien wurde vielfach nur ein kleiner Raum in ihrem eigenen Haus zugewiesen, auf den sie sich zu beschränken hatten. Einige Familien durften sich zu nahen Verwandten in benachbarte Ortschaften begeben, um mit diesen Verwandten zusammen das Los der Vertreibung aus der Heimat zu teilen. Zwei Habrowaner Familien wurden im Herbst 1945 ins Innere Böhmens verbracht, wo die Tschechen deren Arbeitskraft für ihre Zwecke nutzten.

Die Übernahme der Gehöfte und unserer geliebten Elternhäuser war in vollem Gage und uns blieb aufgrund der militärischen Überlegenheit der Soldaten und Hausbesetzer nichts anderes übrig, als den Verlust von allem, woran unser Herz hing, widerstandslos hinzunehmen. Die Häuser wurden vielfach bereits von Tschechenfamilien okkupiert, denen eine Hofstelle zugewiesen wurde.

Habrowan. Der Dorfplatz.

In dieser spannungsgeladenen Zeit erfuhren wir nur beiläufig von den amerikanischen Atombombenabwürfen auf Hiroshima am 6. August 1945 und Nagasaki am 9. August 1945. Deutschlands letzter Kriegsverbündeter hatte nunmehr kapituliert.

Die auf meinen Elternhof geflüchteten Familienangehörigen sprachen von der Antonbombe, weil sie von Atomen und Molekülen noch nie etwas gehört hatten.

Seit dem 17. Juli 1945 tagte in Potsdam eine Konferenz der Siegermächte - den USA, der UdSSR und Großbritannien. Am 2. August '45 wurde dort ein Abkommen unterzeichnet. Auf Antrag der tschechoslowakischen Regierung wurde der *'Transfer'* der deutschen Bevölkerung aus der Tschechoslowakei, Polen und Ungarn nach Deutschland beschlossen, bzw. dem schon in vollem Gange befindlichen Vorgang zugestimmt. Nach dem Bekanntwerden ungeheuerlicher Exzesse bei den ersten wilden Ausschreitungen gegen die deutschen Einheimischen dieser Länder jedoch mit der beschwichtigenden Bestimmung, *'dass jeder derartige Transfer in ordnungsgemäßer und humaner Weise erfolgen soll.'*

In unserem Ort erfuhr man von all dem absolut und rein gar nichts. Auch von den diversen, damals von

Beneš unterzeichneten Dekreten gegen die Deutschen, erhielten wir keine Kenntnis. Gleichfalls blieben wir in Unwissenheit darüber, wie es den inhaftierten Dorfbewohnern, wie meinem Vater, im Gefängnis erging, was sie bereits durchgemacht hatten oder was mit ihnen geschehen werde. Es waren keinerlei Besuche in den Haftanstalten in Lobositz, Leitmeritz oder Theresienstadt erlaubt. Gespräche mit ihnen gab es nicht. Erst ab Herbst 1945 durfte alle 14 Tage ein Päckchen mit frisch gewaschener Wäsche für die Gefangenen an der jeweiligen Gefängnispforte abgeben werden.

Der Vater meiner Freundin Hildegard wurde inhaftiert, weil er in der Partei gewesen war. Leider waren jedoch alle selbstständigen Geschäftsleute gezwungen, in die Partei einzutreten, wollten sie nicht mit dem Totalverlust ihrer Lebensgrundlage konfrontiert sein. Da Familie Geisler einen Gemischtwarenladen besaß und deren Existenz von diesem abhing, blieb dem Vater also nichts anderes übrig, als sich dieser Bestimmung zu fügen. Er wurde ins Lager Lärchenfeld im Kreis Aussig verbracht, das er nicht mehr lebend verließ.

Habrowan. Der Gemischtwarenladen der Familie Geisler. Dorffest 1942.

Mit der Umquartierung in andere Häuser waren die meisten in Habrowan verbliebenen Deutschen natürlich auch von ihren für den Notfall versteckten Lebensmitteln abgeschnitten. So waren wir auf Lebensmittelkarten angewiesen, mittels derer uns kaum das Lebensnotwendige zugeteilt wurde. Was erschwerend hinzukam: Die meisten Tschechen zahlten den für die auf ihren ehemaligen Höfen zur Arbeit verpflichteten Deutschen überhaupt keinen Lohn, sodass vielfach kein Geld zum Kauf von Lebensmitteln zur Verfügung stand. Es galt daher, möglichst *'pfiffig'* vieles zu *'organisieren'*, um zu überleben.

Solange Obst an den Bäumen war und die Kartoffeln auf den Feldern der Ernte harrten, waren wir noch in der Lage, uns halbwegs durchzuschlagen. Wir holten uns Essen nach Bedarf und Hunger. Gesammelte oder sonstwie *'organisierte'* Getreidekörner wurden mit einer Kaffeemühle zu Schrotmehl gemahlen und zu grobem Brot gebacken. Als Brotaufstrich diente Rübensirup. Gelegentlich gelang es, mit einer Steinschleuder eine Taube zu schießen oder auch mal einen Spatz. Die Hühnernester in den Schuppen und Scheunen, wo die Hühner ihre Eier ablegten, kannten wir sowieso.

Im Spätherbst und Winter wurde es allerdings bitterernst. Woher sollte meine Mutter etwa noch einige kräftige Brotschnitten für das Päckchen zusammenbekommen, das sie zusammen mit der notwendigsten frischen Wäsche alle 14 Tage meinem Vater zu Fuß ins Leitmeritzer Gefängnis bringen durfte? Viele, vor allem die in den drei 'Villen' Eingewiesenen, darbten.

Tschechische Ärzte in Lobositz, die der eine oder andere noch einmal aufzusuchen hatte, waren in der Regel abweisend und unterstelltem jedem Deutschen erst einmal Simulation. Ich selbst musste mich einmal mit fürchterlichen Nieren und Rückenschmerzen an einen Arzt wenden. Sie waren die Folge der staatlichen Prügelaktion gegen die Deutschen vom 14. Mai. Der Arzt sah mich kaum an und schickte mich unbehandelt wieder weg.

Doch wenigstens wurden die Frauen seit dem Hochsommer nicht mehr von russischen Soldaten behelligt, da diese zunächst in mehreren Standorten zusammengezogen wurden. Bis Dezember 1945 verließen sie die Tschechoslowakei ganz.

Eine gewisse Erleichterung wurde gegen Jahresende '45 spürbar, als in der Gemeinde-verwaltung die bisher tonangebenden National-tschechen - die Partei von Edward Beneš - durch die

Kommunisten abgelöst wurde. Für mich, meinen Bruder und unseren Freund, den jungen Frieser, hatte die Haltung von dem neuen Vorsitzenden zur Folge, dass wir nun im Steinbruch an der Kubatschaka zur Arbeit gehen durften, wo wir immerhin einen geringen Arbeitslohn erhielten, um uns Essen kaufen zu können. Das Motto des Parteivorsitzenden war, getreu dem alten Leninwort, *'Wer arbeitet, soll auch essen'*. Bislang hatten wir, ohne Lohn, auf den von den Tschechen beschlagnahmten und ehemals eigenen Höfen gearbeitet.

 Zu Silvester durften die Deutschen sogar die Welleminer Kirche aufsuchen. Unvergesslich ist mir, wie am Ende der Messe die Melodie des Kirchenliedes *Großer Gott, wir loben Dich* intoniert wurde. Unter den Bewacherblicken der anwesenden Tschechen erklang zunächst nur zaghaft und kaum vernehmbar der deutsche Liedtext, der 1775 von Ignaz Franz gedichtet und bald darauf auch ins Tschechische übersetzt wurde. Langsam übertönte der deutsche Gesang den tschechischen, und bei der zweiten Strophe war allein nur noch deutsch zu hören, der bei der dritten Strophe förmlich zu einem herzzerreißenden Aufschrei anschwoll, womit der Gesang zu einer regelrechten Demonstration unseres nicht unterdrückbaren Willens eskalierte, deutsch sein und deutsch bleiben zu wollen.

Dabei war wahrscheinlich nicht nur mir der Gedanke nahe, dass es für uns wohl der letzte Besuch jenes Gotteshauses sein würde. Es war unsere alte, vertraute Kirche, in der viele von uns getauft worden waren, einst das erste heilige Abendmahl feierten, manche Seelenmesse für verstorbene Angehörige abgehalten wurde und in der die Menschen oftmals ihre ganz persönlichen Sorgen und Nöte im Stillen Gott anvertrauten.

Der Nachhauseweg wurde unter eben jenen Reflexionen noch schwerer, als es dem tatsächlichen Grad der Müdigkeit und Erschöpfung entsprach. Wortlos gingen wir über die Woboke durch Kottomirsch, vorbei an der Ratsche, nach Habrowan zurück.

Im Januar und Februar 1946, unter der Härte der Arbeits- und Lebensbedingungen, bei denen wir uns wie Arbeitssklaven fühlten und uns nur zu sehr an das altrömische *'Vae Victis'* - einem Unterlegenen geht es schlecht - erinnerten, sehnten wir uns förmlich nach dem Termin der Ausweisung. Bei mir erhielt die Überlegung Oberhand, dass die mit einer Ausweisung verbundene Aufgabe des jahrhundertealten Familienbesitzes letztendlich doch wohl erträglicher sein dürfte, als ein Leben über vielleicht weitere Jahrzehnte als Steinbrucharbeiter in Sklaverei in der Heimat. In Deutschland unter Deutschen könnte es nur besser werden!

Rasch konnte ich merken: So wie ich dachten viele im Ort verbliebenen Deutschen. Der Drang danach, fortzukommen, wuchs gleichsam mit der höher steigenden Frühlingssonne. Aus diesem Grunde kontrollierten wir immer öfter das schon seit dem Sommer 1945 geschnürte Federbett und die, in einem aus alten Militärdecken selbstgefertigten Rucksack, eingepackten Wäschestücke. Ebenso die bereitgelegten Familienfotos, Sparkassenbücher, Schuldverschreibungen, Grundbuchauszüge und den Ahnenpass, sofern uns solche Dokumente nicht schon im Sommer abgenommen worden waren. Auch überlegten wir, wie und wo man in den wenigen mitnehmbaren Sachen vielleicht noch ein gerettetes Schmuckstück oder eine alte Goldmünze verstecken konnte.

Seit dem 26. Mai 1946, dem Tag der tschechischen Parlamentswahlen, bahnte sich im Ort noch deutlicher die Verschiebung der Dominanz zugunsten der Kommunisten an. Aufmerksame Beobachter konnten Verstimmungen bei den

Nationaltschechen feststellen. Zudem ahnten die Nationalfaschisten noch nicht, was mit den neu in den Ort gekommenen *'Goldgräbertypen'*, den Zlatokopci (tschechisch), auf sie zukommen würde, denen es doch nur um mühelose Bereicherung ohne eigene Arbeit ging. Durch die von diesen kommunistisch gesinnten Leuten vorangetriebene Gleichmacherei sollten die Nationalisten nämlich ihre schnell gewonnenen Höfe und Häuser bald wieder aus ihrer Eigenbestimmung verlieren.

*

Die Ausweisung

Im Frühjahr 1946 ging es mit der Ausweisung weiter. Es wurden sogenannte *'Antifaschisten-Transporte'* zusammengestellt. Es gab zwei Habrowaner Haushalte, die davon tatsächlich profitierten: Die Familie Babor galt, zur Verwunderung vieler, auf einmal als antifaschistisch. Rudolf Babor, der nach 1938 noch Obstbauernführer geworden war und sich sofort auf dem von Karel Musil verlassenen Meierhof-Restgut festgesetzt hatte, soll Parteisekretär der Sozialdemokratischen Partei in Reichenberg gewesen sein. Ebenso durfte sich die schon mit ihren Töchtern übergesiedelte Inhaberin des Habrowaner Kaufladens, Frau Hlawa, ihren als alte Sozialdemokraten geltenden Eltern anschließen. Sie durfte Möbel und andere Habe nach Lobowitz bringen lassen, wo die Fahrhabe von jeweils vier Familien in einem geschlossenen Güterwagen verstaut und verplombt wurde. Von diesem Ort aus erfolgte ein wenig später ihr Abtransport in Eisenbahn-Personenwagen.

Der Hauptteil der Habrowaner Deutschen erfuhr am Montag, den 15. Juli 1946 gerüchteweise, dass am Freitag früh um 4 Uhr die Ausweisung vonstattengehen werde. Am 18. Juli wurden die offiziellen schriftlichen Bescheide verteilt. Mit sehr gemischten Gefühlen nahm man sie entgegen. Einerseits besiegelten sie den nun sicheren Verlust der Heimat; andererseits besiegelten sie das Ende der Sklaverei und Tyrannei. Die Überzeugung vieler war: Schlechter als jetzt konnte es kaum noch werden. So begannen wir uns, innerlich sogar schon auf etwas Neues einzustellen, in dem die bisher ertragene Tyrannei und alle Entbehrungen ein Ende haben würden.

Am 19. Juli 1946, gegen 5 Uhr früh, luden wir unsere Rücksäcke und Tragetaschen auf eines der sieben, von den Tschechen bereitgestellten Fuhrwerke. Pro Person durften 50 kg Gepäck mitgenommen werden. Jeder, der laufen konnte, ging die etwa 25 km Weges zu Fuß hinter seinem zuständigen Fuhrwerk her. Unser letzter Weg führte uns über Kottomirsch, Wellemin, Billinka und Lobositz nach Leitmeritz.

Abschied

Auf der Anhöhe zwischen Dubkowitz und Kottomirsch, bei der Abzweigung der Bezirksstraße nach Lichtowitz, von wo aus man nochmals einen Blick auf den mittleren und unteren Ortsteil Habrowans werfen konnte, sah jeder einst dort Beheimatete noch einmal wehmütig auf sein Dorf, sein Elternhaus, ja seine Heimat zurück. Was in jedem Einzelnen vor sich ging, lässt sich denken.

Ich selbst wandte mich eigentlich recht schnell ab; mit einem Fluch auf den Lippen: Er gelte ewig. Er gelte über all jene, die mir die Heimat geraubt, den Vater - ohne echten Grund fast zu Tode geprügelt -

ins Gefängnis geworfen, die Mutter gequält und meinen Bruder um die erhoffte Zukunft auf dem elterlichen Hof gebracht hatten. Jenen, die mich der Aussicht auf den Abschluss einer ordentlichen Schulbildung beraubt bzw. um die Erwartung eines künftigen heimatverbundenen bürgerlichen Lebens gebracht hatten.

*

*

Beim Vorbeiziehen am erst 1939/40 errichteten Dubkowitz-Kottomirscher Friedhof lief mancher, der schon einen Angehörigen auf diesem zur letzten Ruhe gebettet hatte, zur Familiengrabstätte und nahm auch von dort seinen Abschied. Auch meine Mutter, Opfer von Missbrauch und Gewalt, lag hier begraben.

Gegen 7 Uhr passierte die Abschubkolonne die Welleminer Kirche und grüßte ein letztes Mal ihren aus dem Fenster des Pfarrhauses winkenden Pastor und seine Schwester, die erst einige Wochen später die Heimat verlassen mussten.

Wiederholte Konfiszierung unserer Habe

In der Leitmeritzer Schule angekommen, die schräg gegenüber des Korpskommandos lag und als Sammellager diente, gab es - *wer hätte es schon anders erwartet?* - die übliche Gepäckkontrolle. Eine Schar geübter tschechischer Filzer konfiszierte die vielfach noch geretteten Kleidungsstücke oder Schuhe, Geld, Sparkassenbücher und Schmuck, außer Eheringe. Auch Objekte geringeren Wertes verfielen der Beschlagnahme. Fotoapparate, Fern- und Operngläser waren schon 1945 eingezogen worden. Nur Personalausweise, personenbezogene

Dokumente und Familienfotos durften behalten werden. Berufsmusikern wurde gestattet, ein Musikinstrument mitzunehmen - so sie es noch besaßen. Handwerker durften ein Werkzeugteil mitnehmen, wie der Maurer eine Kelle, nicht aber der Schneider etwa seine Nähmaschine.

Der Abtransport

Eine Habrowaner Familie wurde sogleich in die noch freien Plätze eines bereits bereitstehenden Transportzuges eingewiesen. Für die anderen ging die Verladung in Güterwaggons etwa 14 Tage später vonstatten. Der Transportzug hatte etwa 40 Waggons. 30 Personen samt Gepäck waren pro Waggon erlaubt, sodass sich ca. 1200 Deutsche in einem Transportzug befanden.

Nur mein Bruder und ich blieben im Leitmeritzer Lager zurück, da wir die Klärung des künftigen Schicksals unseres Vaters verlangten und die Ausweisung mit ihm gemeinsam erbaten. Eine weitere Familie wurde hingegen kurzfristig noch einmal nach Dubkowitz zurückgebracht, da die Familienmutter schwer erkrankt aus dem

Sammellager ins Leitmeritzer Krankenhaus gebracht worden war. Deren Ausweisung erfolgte einige Zeit später.

Der Hauptteil der verbliebenen Habrowaner kam auf diesem Wege nach Schwaan in Mecklenburg-Vorpommern, dem Kreis Grevesmühlen.

Mein Vater wurde tatsächlich aus der viel zu langen und entbehrungsreichen Haft entlassen, mit der Begründung, dass *gegen ihn nichts vorlag'*. Nach der Entlassung unseres Vaters aus dem Leitmeritzer Kreisgericht am 29. August, konnten dann auch wir am selben Abend jenen Tages den Waggon 39 des 40 Güterwagen umfassenden Transportzuges besteigen, der am 1. September 1946 gegen 14 Uhr auf dem Bahnhof Seestadt Rostock seine Endstation erreichte.

Für jeden der im Zug befindlichen Deutschen waren 100 Reichsmark an einen jeweiligen Waggonführer bei der Abfahrt übergeben worden, die nach der Ankunft in Deutschland auszuhändigen waren. Die im Herbst 1945 ins Innere Böhmens verbrachten, aus Krankheitsgründen kurzzeitig zurückgestellten und zu Verwandten und Familien gebrachten Bekannte, wurden kurz nach uns unter den gleichen Umständen nach Deutschland verbracht.

***

Deutschland

Im kriegszerstörten, ausgehungerten und unter verschiedenen Besatzungsmächten aufgeteilten Deutschland stand nun jeder einzelne, bzw. jede einzelne Familie vor der schweren Aufgabe, die Zukunftsgestaltung in die eigenen Hände zu nehmen. Die Tatsache, dass die Habrowaner daran nicht gescheitert sind und alle gleichsam, nach ihren Möglichkeiten und Kräften, das Schicksal gemeistert haben, ist mir selbst eine Freude und Genugtuung.

Gleichsam ist jedoch auch mit Trauer und Schmerz auf die 7 Menschen aus der alten Heimat zurückzublicken, die in den Vertreibungsexzessen des Jahres '45 umkamen. Ebenfalls ist all jenen zu gedenken, denen in jenen Tagen und Wochen der Vertreibung schwere und irreparable körperliche, um kaum heilbare seelische Schäden zugefügt wurden.

Mehr als ein halbes Jahrhundert ist seither vergangen. Werden diese Wunden je vernarben?

***

Hass auf Deutsche - eine geschichtliche Betrachtung

Die Sudetendeutschen - so sieht man es heute vielfach und in ganz vereinfachter Sichtweise - haben zusammen mit den Schlesiern, Pommern, West- und Ostpreußen, für Hitlers großen Aggressionskrieg in Europa gebüßt. Die überfallenen Länder wurden mit Gebietsabtretungen entschädigt und Deutschland mit großen Landverlusten bestraft. Aber so simpel, wie es vielen scheint, lässt sich die Geschichte nicht sehen.

Der Tschechoslowakei hat Deutschland nie den Krieg erklärt. Sie war nie echter Kriegsschauplatz, wie etwa Polen, Russland, Holland, Belgien, Frankreich, Italien oder die Balkanländer. Die Tschechoslowakei befand sich sogar stets in einer besseren Lage als etwa Belgien, Holland oder Dänemark, die als Anrainerstaaten von deutschen Truppen besetzt waren und zeitweise auch echtes Kampfgebiet gewesen sind. Dennoch nahmen diese Länder nach Kriegsende *keine* Gebietsabtretungen vor; sie veranlassten *keine* Massenausweisungen der Zivilbevölkerung.

Hintergründe der Deutschenfeindlichkeit

Die Gründe für das Schicksal der Sudetendeutschen liegt tiefer: Und zwar im tschechischen Nationalstolz, der schon 1917/18 den Deutschen Böhmens und Mährens, mit Zustimmung der Siegermächte, ihre Selbstbestimmung verwehrte. Er zwang eine Volksgruppe, größer als die Dänen, Norweger, Litauer, Letten oder Finnen, gegen ihren ausdrücklichen Willen und mit militärischer Gewalt, in einen - aus dem Zusammenbruch der Österreich-Ungarischen Monarchie entstandenen - mehr tschechischen als tschechoslowakischen National-staat hinein.

Dieser tschechische Nationalchauvinismus hatte auch nach der Korrektur der 1918/19 geschaffenen *'Neuen Ordnung Europas'* im Herbst 1938 nicht geruht. Im Gegenteil: Dem tschechischen Nationalstolz kam der wahnwitzige Kriegswille Adolf Hitlers und dessen Umsetzung seiner Pläne eines Weltkriegs-Abenteuers recht gelegen.

Im Zuge dieses Abenteuers konnte nun die Liquidierung der Deutschen Böhmens, Mährens und Sudetenschlesiens ins Auge gefasst werden. Eben dieser überhöhte Nationalchauvinismus war es, der hinter den Massakern, den Gräueltaten und der

Deutschenvertreibung von 1945/46 stand, angeheizt von maßgeblich tschechischen Politikern.

Zudem sei an den Hussitenkrieg von 1419 - 1436 erinnert. Ein Krieg, der sich vor allem gegen den deutschen Bevölkerungsteil richtete. Ein großer Teil der Deutschen wurde vertrieben, enteignet und getötet. Ihr Besitz wurde größtenteils an den tschechischen Kleinadel verteilt.[2]

Der Hass auf uns und unsere Vertreibung hatte also schon lange vor den Beschlüssen der Potsdamer Konferenz am 2. August 1945 eingesetzt, obwohl die Tschechen auf die dort gefassten Beschlüsse immer wieder als Rechtfertigung verwiesen. Die heimatverbundenen und das Land liebenden Habrowaner wissen um die Verachtung der Tschechen gegenüber allem Deutschen aus ureigenster Erfahrung.

Zunächst hatte der blinde Hass alles Habsburgische, bald aber auch alles Deutschtum aus den Sudentenländern ausgelöscht. Dieser altbekannte Hass wurde nicht erst seit 1419, oder dem Ausgang des 19. Jahrhunderts, sondern besonders eben seit 1918/19 von einem Großteil der damals aktiven tschechischen Politiker geschürt.

------

2 Siehe hierzu: Die Historie von Habrowan, S. 49

Am Ende hat ein Hass triumphiert, gegen den sich schon unsere Großeltern und Eltern wehrten und gegen dessen Vordringen sie ihre seit vielen, vielen Generationen angestammte und im deutschen Kulturkreis verankerte Heimat mit ihren Möglichkeiten verteidigten. Ihre Heimat war schließlich schon deutsch besiedelt, bevor Amerika von angelsächsischen, französischen, spanischen und portugiesischen Kolonisten den eingeborenen Indianern abgerungen wurde.

In der Geschichte, im Bewusstsein der Nachwelt, bleiben die tschechischen Gräueltaten von 1945/46 ebenso erhalten und unvergessen, wie Hitlers Hybris, mit der er den 2. Weltkrieg entfesselte. Mit seinem überbordenden Größenwahn, die Nationen der Welt besiegen und die Weltherrschaft erlangen zu können, hat er schweres und weitreichendes Kriegsleid ausgelöst; und mit seinen Rasseideen, und den aus ihnen resultierenden Konzentrations- und Vernichtungslagern, dem deutschen Volke eine immense Schuld aufgebürdet.

Aufgrund der drückenden Lasten der den 1. Weltkrieg beendenden und im deutschen *'Altreich'* als ungerecht und nicht maßvoll empfundenen Friedensverträgen von 1918/19, kam es in Deutschland zu erklärbaren sozialen Spannungen, wirtschaftlicher Not und einer gesellschaftlichen und geistigen Krise. Diese allumfassende Krise war es, aus der heraus der Nationalsozialismus Hitlers entstehen konnte und die agitatorisch das deutsche Volk in eine nationale Aufbruchstimmung versetzte. Auf diese Weise ließ sich das Volk von Hitler in den von ihm diskret, aber zielstrebig anvisierten Krieg hineinführen und in seine Rasseideen und deren Folgen verstricken.

Ebenso geriet auch die Politik der Tschechoslowakei seit ihrer Entstehung 1918/19 in verhängnisvolle Bahnen: Die maßgeblichen tschechischen Politiker, die diesen Staat schufen, waren im fatalen Irrtum befangen, im Zentrum Europas, aus den Trümmern der untergegangenen multiethnischen Habsburger-Monarchie, in Windeseile einen geschlossenen, tschechischen Nationalstaat errichten zu können. Und zwar ohne auf die nicht-tschechische Bevölkerung des böhmisch-mährischen Raumes und des Karpatenbogens Rücksicht zu nehmen.

Ermutigt, bzw. durch die Siegermächte des 1. Weltkriegs toleriert, wurden in der tschechoslowakischen Republik schon seit Ende Oktober 1918 deutsche Siedlungsgebiete gewaltsam und gegen den Willen der seit Jahrhunderten dort lebenden Bevölkerung, enteignet und unter tschechische Herrschaft gebracht. Zwar grenzten diese Siedlungsgebiete an das den Deutschen zugesprochene Gebiet an, dennoch lagen sie außerhalb des von Bismarck 1871 geschaffenen *'Altreichs'*. Die tschechische Regierung verbürgte für sich das Recht, diese Landstriche, die sie 1919 in den Friedensverträgen zugesprochen erhielt, allein für sich in Anspruch zu nehmen.

Sofort wurde dort dieser, den Generationen bekannte, tschechische Nationalchauvinismus praktiziert, der den Deutschen Böhmens, Mährens und Sudetenschlesiens ihr Daseinsrecht bestritt und letztendlich eine radikale *'nationale Flurbereinigung'* intendierte.

Schon im Spätmittelalter und im 19. Jahrhundert gab es solche Bestrebungen, die sich wiederholt Bahn brachen.

Unmittelbar nach 1919 wurde eben diese *'nationale Flurbereinigung'* von willigen Helfern der machtbesessenen und ruhmsüchtigen Regierenden durchgeführt, obwohl die Bewohner Böhmens, Mährens und Sudetenschlesiens immerhin ein Drittel, im tschechoslowakischen Gesamtstaat etwa ein Viertel der Bevölkerung ausmachten.

Maßgebliche tschechische Politiker propagierten die chauvinistische Fiktion von den Tschechen als *'Urvolk'* Böhmens und Mährens, denen diese Landstriche allein als Wohnraum zustanden. Dieses extrem nationalistische Gedankengut, welches in der Vertreibung der Deutschen 1945/46 gipfelte, haben dem tschechischen Volk einen nicht minder dunklen Schandfleck angeheftet, als ihn das deutsche etwa durch Hitler und die Duldung seines Regimes und seiner Verbrechen trägt.

Die Bemäntelung dieses Schandmals der Deutschenvertreibung mit einem angeblichen Willen der alliierten Siegermächte zu erklären, ist allzu fadenscheinig, weshalb sie in der Geschichte auch keinen Bestand haben darf. Der gemeingefährlichen Aggressivität und dem menschenverachtenden Rassewahn Adolf Hitlers, ist die provokative politische Unduldsamkeit und der unversöhnliche, ja kompromisslose tschechische Nationalwahn Edward Beneš und seiner Mitstreiter, gleichwertig zur Seite zu stellen.

Dem Tschechentums-Fanatiker Beneš ist in der Geschichte die *'Götterdämmerung'* ebenso sicher, wie sie Hitler, Stalin und Lenin widerfahren ist und weiterhin widerfährt.

*

Noch heute gibt es Menschen, die hartnäckig die von Edward Beneš und seinen Helfern - in einem für sie günstigen Moment - ausgelöste Deutschen-Deportation ihrer deutschen Mitbewohner Böhmens, Mährens und Sudenteschlesiens verteidigen. Sie mögen noch immer eisern an den Dekreten, die Beneš 1945 und 46 gegen die Deutschen erließ, festhalten und sie als richtig ansehen.

Die Dekrete von Beneš mögen noch immer das an deutschen Menschen begangene Unrecht - Mord, Beraubung, Schändung, Körperverletzung und -verstümmelung - für straffrei erklären. Doch das Gewissen der Welt lässt sich nicht auslöschen.

Möge es jeden Tag neu an die schon seit 1918/19, und nicht erst seit 1938/39 oder 1945/46 begangenen Grausamkeiten gegenüber uns Deutschen der alten Heimat und die mit Füßen getretenen Menschenrechte erinnern!

Wie das so seltsam traurig macht:
Ein Gang durch eine fremde Stadt,
Die liegt und schläft in stiller Nacht
Und mondbeglänzte Dächer hat.

Und über Turm und Giebel reist
Der Wolken wunderliche Flucht
Still und gewaltig wie ein Geist,
Der heimatlos nach Heimat sucht.

Du aber, plötzlich übermannt,
Ergibst dem wehen Zauber dich
Und legst dein Bündel aus der Hand
Und weinest lang und bitterlich.

Herrmann Hesse

Antonia Katharina Tessnow ist die Tochter einer ehemals ostpreußischen Familie, die nach dem ersten Weltkrieg nach Deutschland kam. Ihre Großeltern ließen sich in Berlin nieder, mussten jedoch aus der Stadt fliehen, nachdem ihr Wohnhaus im letzten Jahr des zweiten Weltkrieges zerbombt und komplett zerstört wurde.

Viele Jahre später kehrten sie nach Berlin zurück. Obwohl Antonia Katharina dort geboren ist, fühlte sie sich in dieser Stadt jedoch nie heimisch. Heute lebt sie auf dem Lande am Rande der Mecklenburgischen Schweiz.

Quellenverzeichnis

Zur Geschichte von Habrowan

Siehe hierzu:

Prof. Dr. Eduard Hlawitschka: Dubkowitz im Böhmischen Mittelgebirge

Dr. Franz Umlauf: Geschichte der deutschen Stadt Außig

C. Jahnel: Heimarkundliches vom Padloschiner Plateau

Alle Aufzeichnungen entspringen den von Hildegard Lange, geborene Geisler, aufbewahrten und mir ausgehändigten Aufzeichnungen Gertrud Bartels, geborene Behr.

Die Bibel -

Ein Leben in Gottes Hand

Kompendium aller biblischen Bücher

Eine essentielle Zusammenfassung der gesamten Heiligen Schrift

Hier finden Sie einen guten Überblick über jedes einzelne Buch der Bibel

Du suchst Halt in dieser unsicheren Zeit? Du sehnst dich nach Sicherheit und Trost? Du bist über die Ereignisse in dieser Welt besorgt? Vielleicht sogar beängstigt? Es gibt einen Hort der Sicherheit, der Kraft spendet, Geborgenheit schenkt und ewig ist. Sobald du diesen Hort der Sicherheit und diese Quelle der Kraft für dich erschlossen hast, ist sie unerschöpflich. Dieses Kompendium der biblischen Bücher möchte dich dazu einladen, dich auf die Reise zu machen, um eben diese unversiegbare Quelle zu erschließen.

Hast du dich schon einmal gefragt, was die Bibel mit dir persönlich zu tun haben soll? Diese essentielle Zusammenfassung aller biblischen Bücher gibt Antworten. Sie ermöglicht es dir, einen Überblick über die Heilige Schrift zu gewinnen, den Zusammenhang der einzelnen Bücher zu verstehen und einen unmittelbaren Bezug zwischen dem Inhalt der Bibel und deinem ganz persönlichen Leben herzustellen.

Die Bibel ist nichts Abstraktes, sondern Gott spricht durch dieses Buch zu Seinen Kindern, die Er liebt und zu denen Er in Beziehung treten will. Erlaube Seinen Worten, dich zu berühren, deinem Leben eine neue Perspektive zu geben und dir damit eine ganz neue Welt zu eröffnen.

Dies alles habe ich euch gesagt,
damit ihr in meinem Frieden geborgen seid.
In der Welt habt ihr Angst,
doch seid getrost,
ich habe die Welt überwunden.

Johannes 16, 33

Die biblischen Bücher
als Einzelausgabe im Großdruck

*inklusive Übersetzungsalternativen aus
unterschiedlichen Quellen*

Warum Einzelausgaben der biblischen Bücher? Der Grund ist so einfach wie praktisch: Die Bibel hat auf Grund ihres vollen Umfangs, selbst bei großformatigen Ausgaben, zumeist eine sehr kleine Schrift und ist demnach entsprechend schwer zu lesen. Möchte man zudem die Bibel gerne mitnehmen, um unterwegs zu lesen, entscheidet man sich schnell dagegen, solch ein schweres Buch den ganzen Tag mit sich umherzutragen.

Einzelne Bücher der Bibel erlauben dagegen eine für die Augen angenehme Schriftgröße und erleichtern somit das Lesen erheblich. An Stelle eines umfangreichen, schweren Buches ist es nun möglich, einen Text Ihrer Wahl in leicht tragbarer Ausführung mitzunehmen. So kann die Bibel einfach unterwegs gelesen werden. Mit anderen Worten: Luther hat die Bibel zugänglich gemacht, diese Version macht sie mühelos lesbar.

Zudem eignen sich die einzelnen Bücher hervorragend als Einstieg in die Bibel sowie als Geschenk; nicht nur für Menschen, welche die biblische Heilsbotschaft bereits erreicht hat, sondern auch für alle, die sich noch nicht an die Heilige Schrift heranwagten oder sich von dem Gesamtumfang der Bibel möglicherweise überfordert fühlen.

Die Botschaft der Bibel kann eine große Hilfe und Stütze sein, Zuversicht schenken, Hoffnung machen und uns trösten, gerade in einer Zeit, in der wir des Trosts so sehr bedürfen.

Wer den Weg nach Hause sucht, der soll wissen, dass er offen steht. Dieser Weg wird in der Heiligen Schrift gewiesen. Mit der Entscheidung, sich für die Botschaft der Bibel zu öffnen und diesen Weg zu gehen, haben unzählige Menschen seit Jahrhunderten ihr Heil gefunden. Und das bis zum heutigen Tag.

Übersetzung nach Martin Luther, 1545

Schriftsatz, Layout, Formatierung:
Antonia Katharina Tessnow

www.antonia-katharina.de

Die Bedeutung von Musik in Gottes ewigem Königreich

Eine Betrachtung von musikalischem Dienst vor dem Hintergrund biblischer Lehre

oder: Warum wir hier sind

Masterarbeit zum Bibelstudium an der Internationalen Schule des Dienstes

Das Leben begann nicht auf der Erde, sondern lange vorher in den Himmeln, wo die Musik ursprünglich in den Autoritätsbereich des Luzifer gehörte. Sie unterstand vollständig seiner Leitung. Doch Luzifer fiel.

Bis heute wirkt Er in dem Bereich seiner Einflusssphäre auf manchmal mehr, manchmal weniger offenkundige Art und Weise. Die Macht, die er durch Musik ausübt, zielt darauf ab, die Seelen in seinen Bann zu ziehen, sie irrezuleiten und zu Fall zu bringen, um sie letztendlich an sich zu binden und an sein Reich zu ketten.

Erschaffen hat Luzifer die Musik jedoch nicht, sondern Gott, dessen Allmacht alles bedingt und somit allem zugrunde liegt. So wohnt dem musikalischen Lobpreis und der Anbetung des Schöpfers eine Kraft und eine Macht inne, welche den Einfluss Luzifers bei weitem überragt.

Dieses Buch betrachtet Musik nicht nur vor dem Hintergrund biblischer Lehre, sondern fasst auch die Geschichte, die Entwicklung, den Einfluss und die Bedeutung zusammen, welche Musik auf der Welt, in den Himmeln, für Luzifer, für die Nachfolger Jesu und für den König aller Könige - Gott - hat. Des Weiteren geht es auf einen wesentlichen Grund für Gottes Erschaffung des Menschen ein und erläutert die Stellung Seiner geliebten Kinder im Hinblick auf ihre Aufgabe hier auf der Erde.

*Die Pforten des Totenreiches
sollen dich nicht überwältigen,
denn ich will dir
die Schlüssel des Reiches der Himmel geben.*

(nach Matthäus 16, 18 - 19)

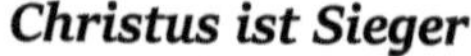

Christus ist Sieger

Der Weg zum Himmel

9 Buchberichte

Teil der Abschlussarbeit des
Masters of Ministries
der Internationalen Schule des Dienstes

Manchmal hat ein Mensch im Leben das große Glück, von Jesus gefunden zu werden. Wenn das passiert, öffnet sich nicht nur ein Herz, nicht nur eine neue Welt, sondern das Himmelreich.

*Doch weit ist die Pforte und breit der Weg,
der ins Verderben führt, und es sind ihrer viele,
die auf ihm hineingehen.
Eng ist dagegen die Pforte und schmal der Weg,
der ins Leben führt,
und nur wenige sind es, die ihn finden.*

(Matthäus 7, 13 - 14)

Neben der Heiligen Schrift und dem zusammenfassenden Überblick über alle biblischen Bücher unter dem Titel *'Die Bibel - ein Leben in Gottes Hand'* gibt es zahlreiche Bücher gläubiger Autoren und wiedergeborener Christen, die dem Suchenden helfen, die schmale Pforte zum Himmelreich zu finden.

Dieses kurzweilige Büchlein gewährt einen Einblick in 9 Publikationen. Alle Buchberichte wurden im Rahmen der Abschlussarbeit zum Master-studiengang des Bibelstudiums an der Internationalen Schule des Dienstes verfasst. Mögen Sie durch diese Inspirationen reichlich gesegnet sein.

Die Heilungswunder Jesu

Heilungswunder der Apostel

und eine Botschaft an die Gläubigen

Es gibt nun zwar verschiedene Arten von Gnadengaben, aber nur einen und denselben Geist; und es gibt verschiedene Arten von Dienstleistungen, doch nur einen und denselben Herrn; und es gibt verschiedene Arten von Kraftwirkungen, aber nur einen und denselben Gott, der alles in allen wirkt. Jedem wird aber die Offenbarung des Geistes zum allgemeinen Besten verliehen. So wird dem einen durch den Geist Weisheitsrede verliehen, einem andern Erkenntnisrede nach Maßgabe desselben Geistes, einem andern Glaube in demselben Geist, einem andern Heilungsgaben in dem einen Geiste, einem andern Verrichtung von Wundertaten, einem andern Weissagung, einem andern Unterscheidung der Geister, einem andern mancherlei Arten von Zungenreden, einem andern die Auslegung der Zungenreden. Dies alles wirkt aber ein und derselbe Geist, indem er jedem eine besondere Gabe zuteilt, wie er will.

1. Korinther 12, 4 - 11

Dienet einander, ein jeder mit der Gnadengabe, die er empfangen hat, als gute Verwalter der mannigfachen Gnadengaben Gottes!

1. Petrus 4, 10

Konnte Jesus wirklich heilen? Was ist seine Botschaft an uns? Wozu sind wir durch unser Bekenntnis zu ihm und unserer Nachfolge beauftragt? Dieses Buch ist eine Zusammenstellung unterschiedlicher Bibelverse, die Antworten auf diese Fragen geben.

Zeichen und Wunder
in der Bibel

Zeugnisse aus dem
Alten und Neuen Testament

Jesus blickte sie an und sagte:
'Bei den Menschen ist es unmöglich,
nicht aber bei Gott;
denn bei Gott ist alles möglich.'

Markus 10, 27

***

Hier findet jeder Suchende eine vollständige Zusammen-stellung aller Wunder aus der Bibel.

Möge dieses kleine Büchlein jedem Menschen Zuversicht, Hoffnung und den festen Glauben daran schenken, dass bei Gott tatsächlich alle Dinge möglich sind.

***

Ich danke dem HERRN
von ganzem Herzen
und verkünde alle deine Wunder.

Psalm 9, 2

Tattoo und Christentum

Was sagt die Bibel?

Eine Antwort auf die Frage,
ob Christen sich tätowieren dürfen

Dürfen Christen sich tätowieren?

Dieses Thema sorgt im Leib Christi nicht selten für Unstimmigkeit und Diskussionen. Die einen meinen, tätowieren sei verboten und Sünde; die anderen glauben, tätowieren sei wundervoll und erlaubt.

Was ist nun richtig? Was wird von uns Christen erwartet? Und wie gehen wir mit denen um, die anders denken als wir?

Die Antwort kann uns nur die Heilige Schrift geben.

Niemand von uns besitzt den Schluss der letzten Weisheit. Doch jeder von uns kann die Bibel lesen und sich eigene Gedanken machen. Dies ist nicht nur einigen Wenigen vorbehalten, sondern jeder von uns ist eingeladen, sich Gott zuzuwenden, sich Seinem Wort zu öffnen und Ihn allein im eigenen Herzen sprechen zu lassen.

Nichts anderes habe ich getan und meine Recherchen zu dem kontroversen Thema 'Tattoo und Christentum' haben Erstaunliches hervorgebracht.

Mit dieser kleinen und kurzweiligen Zusammenfassung möchte ich dazu beitragen, Klarheit und Frieden in dieses Thema zu bringen.

Seid gut zueinander.
Gott befohlen

Akupunktur
Homöopathie und Christentum

*Welche Gefahr geht von
naturheilkundlichen Therapien aus?*

Oder: Pharmakeia, ID2020
und die Etablierung des Beast Systems

In christlichen Kreisen bestehen oftmals weitreichende Fehlannahmen über einige naturheilkundliche Verfahren wie die Akupunktur oder die Homöopathie. Leider werden diese Themen viel zu oft von Predigern aufgegriffen, die von diesen Heilmethoden lediglich das wissen, was einige ihrer Kollegen darüber erzählen. Von den thematisierten Heilverfahren und deren tatsächlicher Funktionsweise besitzen sie jedoch keine Fachkenntnis.

Die bekennende Christin Antonia Katharina Tessnow ist Heilpraktikerin, Tierheilpraktikerin und Doktor der Akupunktur und Homöopathie. Sie beleuchtet diese Themen und lüftet den Schleier vieler Fehlannahmen, der über diesem umfassenden Bereich liegt.

Darüber hinaus beleuchtet sie Methoden und aktuell laufende Projekte der 'anderen Seite', eben jenem Zusammenschluss der Medizin, der sich unter dem Label der Pharmakologie vereint.

Zwangsläufig hinterlässt sie einen Leser, der sich fragen muss, ob heute das 'Beast-System' etabliert wird, welches die Heilige Schrift schon vor 2000 Jahren beschrieb.

Die Tierliebe Jesu

Christliche Inspirationen
aus dem
Evangelium des vollkommenen Lebens

Dieses Buch liegt
in deutscher und englischer Sprache vor

Jesus Christus lehrte nicht nur die Liebe für unsere menschlichen Brüder und Schwestern, sondern auch für unsere treuen, liebevollen und empfindsamen Begleiter, die Tiere.

Die Auszüge aus dem Evangelium Jesu, auch bekannt unter dem Titel

'Das Evangelium des Ewigen Lebens'

gibt einen tiefen Einblick in das Gebot unseres Heilandes, unseren Brüdern und Schwestern, den Tieren, liebevoll zu begegnen und voll Mitgefühl mit ihnen umzugehen. Für jeden, der hofft, Orientierung zu finden sicheren Schrittes durch sein Leben zu gehen, lohnt es sich, sein Leben an den Lehren Jesu zu orientieren.

Ein kleiner Anhang gibt zudem ein paar Einblicke in die Philosophie anderer Religionen und Schriftsteller, die sich ebenfalls anrührend und klar zu ihrer Tierliebe bekennen.